# Les enfants dans la cuisine

Texte de Jill Eggleton

Illustrations de Trevor Pye

**B**eauchemin

— Je fais une pizza,
dit papa.

— Pas d'enfants
dans la cuisine !

du fromage

— Je coupe le fromage,
dit papa.

4

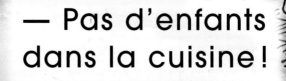

— Pas d'enfants
dans la cuisine!

5

des oignons

— Je coupe les oignons,
dit papa.

6

— Pas d'enfants
dans la cuisine!

des tomates

— Je coupe les tomates,
dit papa.

8

— Pas d'enfants
dans la cuisine !

— Je fais cuire la pizza,
dit papa.

— Pas d'enfants
dans la cuisine!

11

— Regardez cette cuisine !
dit maman.

— Cette cuisine
est en désordre!

13

— Cette cuisine
est **très** en désordre !
dit papa.
**Les enfants,
venez dans la cuisine !**

# Une recette

Il faut:

Pizza

une pâte à pizza
de la sauce

du fromage

des oignons

des tomates

Mettre le fromage, les oignons
et les tomates sur la pizza.

Demander à maman ou à papa
de faire cuire la pizza.

# ▬ Notes pédagogiques

**Titre :** Les enfants dans la cuisine

**Série :** Vent léger 1

**Niveau de lecture :** Rouge (4)

**Type de texte :** Narratif

**Approche :** Lecture guidée

**Apprentissages visés :** Raisonnement critique, exploration de la langue française, traitement de l'information

**Accent sur les éléments textuels et visuels :** Recette, encadrés illustrés

## LECTURE DU LIVRET

- Observez ensemble la première de couverture. Lisez le titre du livret avec les élèves, ainsi que les noms de l'auteure et de l'illustrateur.
- Demandez-leur de deviner ce que racontera l'histoire.
- Parcourez le livret en mettant l'accent sur les illustrations.
- Lisez le texte avec les élèves.

## RAISONNEMENT CRITIQUE

Posez ces questions après la lecture :

- À ton avis, pourquoi papa est-il dans la cuisine ?
- Selon toi, pourquoi les enfants veulent-ils entrer dans la cuisine ?
- Que pense papa de la présence des enfants dans la cuisine ? Pourquoi ?
- T'es-tu déjà fait dire de sortir de la cuisine ? Pourquoi ?
- Observe les pages 12 et 13. Selon toi, pourquoi maman a-t-elle l'air fâchée ?
- Observe la page 14. Selon toi, pourquoi papa demande-t-il aux enfants de venir dans la cuisine ? Qui devrait nettoyer la cuisine ? Pourquoi ?
- Observe la page 15. Selon toi, qu'est-ce que c'est ?
- Que sais-tu au sujet des recettes ?

## EXPLORATION DE LA LANGUE FRANÇAISE

### Terminologie

Auteur, illustrateur, illustrations, pages, première de couverture, titre

### Vocabulaire

**Verbes :** couper, cuire, dire, être, faire, mettre, regarder, venir
**Adverbes, conjonctions et prépositions :** d', dans, en, et, pas, très
**Déterminants et pronoms :** cette, je, la, les, une

### Conventions typographiques

Lettre majuscule en début de phrase, apostrophe, tiret de dialogue, virgule, point final, point d'exclamation